AF320808

NOTE

Remise le 27 de Septembre 1792 à M. le Premier Syndic, par M. D'ARNEVILLE, de la part de M. DE CHATEAUNEUF, Résident de France.

LE Résident de France, instruit que le Conseil Général a autorisé les Seigneurs Syndics et le Magnifique Conseil à demander 1600 Suisses aux Cantons Helvétiques pour être introduits dans la Ville de Genève, a l'honneur d'observer aux Seigneurs Syndics et au Magnifique Conseil que, suivant l'Edit de 1782, cette introduction ne peut s'effectuer que préalablement il ne soit nommé des Ministres Plénipotentiaires par les Puissances Garantes à l'effet de se concerter à ce sujet.

Le Résident de France a l'honneur de présenter ici aux Seigneurs Syndics et au Magnifique Conseil l'Article de l'Edit de 1782, relatif à la circonstance actuelle.

Extrait de l'Edit de 1782, Traité de neutralité.

ARTICLE SECOND.

« Si, ce qu'à Dieu ne plaise, il survenoit une
» rupture entre deux des Puissances Garantes,

A

(1)

» elles enverroient des Plénipotentiaires dans un
» lieu appartenant à la troisième pour y aviser de
» bonne foi avec ceux de cette dernière au meil-
» leur moyen d'exercer leur Garantie, et décide-
» roient, s'il conviendroit mieux que les trois
» Puissances fissent marcher des troupes vers
» Genève, dont le territoire seroit dès lors reputé
» neutre entre les deux Puissances en guerre, ou
» si on n'y feroit marcher que les troupes de la
» Puissance neutre; chacune des Puissances alors
» en guerre se chargeant de payer un tiers des
» frais de cette expédition. »

D'après cet Article clair et positif, le Résident
de France espère, que les Seigneurs Syndics et le
Magnifique Conseil ne s'occuperont d'effectuer
l'admission des Suisses dans les murs de cette
Ville, qu'après avoir demandé aux trois Puissances
Garantes l'envoi des Plénipotentiaires, à l'effet de
se réunir en un lieu neutre, pour se concerter et
prendre ensemble un parti à ce sujet.

De plus le Résident de France a l'honneur
d'observer aux Seigneurs Syndics et au Magnifique Conseil que, d'après le dit Article, il est
bien entendu, que la troisième Puissance Garante
soit décidée à observer la neutralité la plus exacte:
d'après les armemens extraordinaires qui se for-
ment en Suisse, et particulièrement dans le Canton
de Berne, il est permis de concevoir des inquié-
tudes sur les sentimens de cette République envers
la France, jusqu'à-ce qu'elle se soit expliquée

ouvertement fur la caufe et la nature de ces armemens, ou au moins jufqu'à-ce que le Réfident de France ait reçu officiellement les Arrêtés de la Diète Helvétique, tenue dernièrement à Arau, et auxquels le Canton de Berne a dû adhérer; les Seigneurs Syndics et le Magnifique Confeil penferont furement dans leur juftice, que fans cette affurance préalable et néceffaire, toute introduction de troupes Suiffes, et particulièrement du Canton de Berne, loin d'être une mefure de prudence et de fageffe, ne pourroit plus être regardée que comme une mefure hoftile.

Le Réfident de France a l'honneur de prier les Seigneurs Syndics et le Magnifique Confeil de pefer mûrement et dans leur fageffe accoutumée les réflexions qu'il a l'honneur de leur préfenter; il les prie de confidérer que l'obfervation exacte et réciproque des Traités, eft le moyen le plus sûr de maintenir la bonne harmonie entre les deux Nations; il a l'honneur de prévenir les Seigneurs Syndics et le Magnifique Confeil, que les difpofitions qui fe font déjà relativement aux logemens des troupes Suiffes, et qui fembleroient en indiquer l'arrivée prochaine, l'auroient porté à faire d'avance des proteftations formelles contre cette admiffion de troupes étrangères, s'il eut été plutôt reconnu officiellement pour Repréfentant de la Nation Françoife d'après fes nouvelles Lettres de Créance; fon devoir lui prefcrivant de réclamer l'exécution entière de l'Edit de Garantie

[4]

de 1782; et il a tout lieu de croire, d'après les témoignages non équivoques qu'il a reçus hier de la part du Magnifique Conſeil par l'organe de ſa Députation, que le Magnifique Conſeil en donnera la première preuve par ſa réponſe ſatisfaiſante à cet office.

Genève le 27 Septembre 1792, l'an 4 de la liberté, & le 1er. de l'égalité.

RÉPONSE

A la note du 27 de Septembre, remise à M. le Premier Syndic, par M. D'ARNEVILLE, de la part de M. DE CHATEAUNEUF, Réfident de France.

LE Confeil de la République de Genève ayant pris connoiffance de la note que M. d'Arneville remit le 27 de Septembre à M. le Premier Syndic, de la part de M. De Chateauneuf, Réfident de France, l'avis unanime a été de répondre :

Que les Petit, Grand, et Souverain Confeils, conformément à leur Alliance de 1584 avec les Louables Cantons de Zurich et de Berne, ont reclamé le fecours de ces deux fidèles Alliés de la République, parce que voyant le théâtre de la guerre s'approcher de nos murs, ils ne pouvoient négliger une mefure qui réfulte de nos Alliances les plus faintes, qui n'eft nullement offenfive, et qui fut dans tous les temps la confervatrice de notre liberté.

Que toutes les fois que la Savoye fut occupée par des troupes Etrangères, ainfi que cela eut lieu en diverfes occafions, et notamment en 1743, Genève reçut le fecours de fes Alliés, conformé-

A 3

ment aux engagemens de leur Alliance commune, sans qu'aucune Puiffance vît en cela des mefures qui puffent lui paroître fufpectes.

Que le Traité de 1782, n'exclud point l'exécution de la fufdite Alliance de 1584, puifque celle-ci y eft, au contraire, expreffément réfervée.

Que l'Article II du Traité de Neutralité fur lequel M. le Réfident de France fe fonde dans fa note, eft uniquement rélatif aux troubles intérieurs qui néceffiteroient *l'exercice de la Garantie dans Genève, pour rétablir la tranquilité* lors qu'elle *auroit été troublée au point que le Gouvernement ne pourroit plus réprimer la licence, & agir conformément aux Lois.*

Que la Lettre annexe qui fait partie du Traité de 1782, et qui fe rapporte uniquement au même Article II cité dans la note, rappelle expreffément, qu'il ne s'agit que des cas où les *Puiffances Garantes auroient à rétablir & maintenir la tranquillité dans Genève.*

Que l'Article V du même Traité s'occupant du cas actuel ftatue, que lorfque *deux des Puiffances Garantes auroient guerre entr'elles, la Ville & le Territoire de Genève étant calmes & tranquilles, feront réputés Neutres.*

Qu'enfuite de ce qui vient d'être expofé, il eft évident, qu'il n'y a aucun rapport entre le cas prévu par le Traité de 1782 et celui où fe trouve préfentément la République.

Que Genève, ayant à craindre les conféquences

d'une guerre qui s'étend jufqu'à fes frontières, a requis de fes Alliés de Zurich et de Berne les fecours que lui affuroit l'Alliance de 1584 , et que l'affentiment donné par ces deux Cantons à la demande de la République, eft une preuve qu'ils ont eftimé auffi. qu'il s'agiffoit uniquement de l'exécution de l'Alliance.

Qu'en nous adreffant à nos Alliés pour implorer leur fecours, nous favions, à n'en pas douter, par les communications qui nous ont été faites , que la réfolution définitive de la Louable Confédération , dernièrement réunie en Diète à Arau , a été de perfévérer de plus fort dans la Neutralité qu'elle avoit fi fagement embraffée.

Qu'au furplus la République de Genève, non moins éloignée par fes fentimens que par la modicité de fes moyens, de tout ce qui pourroit nuire aux droits d'aucune des Puiffances qui l'avoifinent, s'eft liée par l'acceffion la plus franche et la plus fincère à la Neutralité du Louable Corps Helvétique.; et que fi elle prend, dans ce moment d'orage, des précautions de confervation et de prudence, qui réfultent d'ailleurs de fes Traités, on ne fauroit, avec juftice, lui attribuer des intentions hoftiles, qui lui feront toujours étrangères.

Auffi elle déclare ici de la manière la plus expreffe, qu'elle eft inviolablement attachée à la Neutralité, et qu'auffi long-temps qn'elle fera laiffée en paix, elle ne s'en écartera point ; mais que fermement réfolue, d'après le vœu de tous les Genevois, à repouffer les atteintes qui pourroient être portées à fon indépendance, elle recevra, dans cet unique but, le fecours que fes Alliés, animés auffi des mêmes fentimens, fe difpofent à lui procurer.

Le Confeil a tout lieu de croire, que M. De Chateauneuf qui nous donna plus d'une fois diver-fes affurances de l'intérêt qu'il prend à notre Ré-publique, péfera dans fa fageffe les confidérations qui viennent de lui être préfentées, et qu'il ne perfiftera point à s'oppofer à des moyens confer-vatoires que notre fituation exige et que nous ne pouvons révoquer, quel que foit d'ailleurs le défir qui nous anime de lui donner, ainfi qu'à la Nation Françoife, en toutes occafions, des preuves non équivoques de notre fincère attachement.

COPIE

D'une Note remife le 30 de Septembre 1792 à M. le Premier Syndic, par M. D'ARNEVILLE, de la part de M. DE CHATEAUNEUF, Réfident de France.

LE Réfident de France a reçu hier au foir la Note officielle que le Magnifique Confeil lui a fait paffer par un de fes Membres, en réponfe à celle qu'il a eu l'honneur de lui adreffer le 27 de ce mois.

La certitude officielle que le Magnifique Conseil lui donne de la perféverance formelle du Corps Helvétique dans fa Neutralité envers la France, confirmée dans la Diète d'Arau, fait ceffer toute difcuffion fur l'un des points effentiels de fon office du 27.

Le Réfident de France alloit continuer la difcuffion politique fur l'objet principal de cet office, mais l'arrivée & l'admiffion des Troupes Suiffes dans les murs de la ville ne lui permet plus que de protefter contre cette démarche.

Cette proteftation, que fon devoir lui prefcrit, ne l'empêchera pas toutefois d'envoyer dès demain au Pouvoir Exécutif Suprême la réponse qu'il a reçue du Magnifique Conseil, & ce ne peut être que d'après les ordres qu'il recevra à ce sujet qu'il pourra reprendre le fil de cette affaire.

Le Résident de France est sensible à la justice que le Magnifique Conseil veut bien rendre à son zèle pour tout ce qui peut contribuer au bonheur et à la tranquillité de la République; les témoignages qu'il a pu lui en donner jusqu'à présent sont la preuve des intentions favorables & amicales de la Nation Françoise envers la République.

Genève le 30 de Septembre 1792, l'an 4 de la liberté & le. 1er. de l'égalité.

N O T E

Remife le 3 d'Octobre 1792 à M. le Premier Syndic, par M. D'ARNEVILLE, de la part de M. DE CHATEAUNEUF, Réfident de France.

LE Réfident de France a l'honneur de prévenir officiellement M. le Premier Syndic, et par fon organe le Magnifique Confeil, que l'introduction dans les murs de Genève d'un corps de Troupes de l'Etat de Berne, au mépris des Traités, et contre la foi d'une Neutralité publiquement et folemnellement jurée, n'a pu paroître au Confeil Exécutif Suprême qu'une atteinte aux Traités et à la bonne harmonie, qui avoient jufqu'ici fi heureufement exifté entre la ville de Genève et la France, et l'effet d'une coalition avec les Puiffances liguées contre la liberté des François ; que le devoir facré de conferver cette même liberté fait une loi au Confeil Exécutif Suprême de repouffer une mefure hoftile par tous les moyens qui font en fon pouvoir, et qu'il déclare, par l'organe du Réfident de France, les Magiftrats fauteurs des divifions qui vont féparer deux Nations, jufqu'à préfent toujours amies, refponfables de tous les événemens qui vont fuivre.

Genève le 3 d'Octobre, l'an 1er de la République.